Алюторские сказки

알류토르인 이야기

<지식을만드는지식 소설선집>은
인류의 유산으로 남을 만한 작품만을 선정합니다.
오랜 시간 그 작품을 연구한 전문가가
정확한 번역, 전문적인 해설, 풍부한 작가 소개, 친절한 주석을
제공하는 고급 소설 선집입니다.

지식을만드는지식 소설선집

시베리아 설화집

Алюторские сказки

알류토르인 이야기

작자 미상

박미령 옮김

대한민국, 서울, 지식을만드는지식, 2018

편집자 일러두기

• 이 책은 ≪Памятники фольклора народов Сибири и Дальнего Востока: Т. 25)≫(Сибирская издательсткая фирма 'Наука' РАН, 2005)를 원전으로 옮긴이가 가려 뽑아 번역했습니다.
• 주석은 모두 옮긴이가 단 것입니다.
• 외래어 표기는 현행 한글어문규정의 외래어표기법을 따랐습니다.

차 례

알류토르인 이야기

교활한 쿳킨냐쿠

옛날에 쿳킨냐쿠의 가족이 굶주렸다. 쿳킨냐쿠는 말했다.

"꾀를 내지 않으면 굶어 죽을 거야."

며칠이 지났다. 쿳킨냐쿠는 앓기 시작했다. 그는 자신의 아내 미티에게 말했다.

"만약 내가 죽으면 나를 땅에다 묻지 말고 오래된 토굴에다 눕혀 줘. 나를 위해서 음식 담는 통, 솥, 돌망치, 돌(뼈를 부수기 위한), 담요, 올가미(새와 토끼를 잡기 위한)를 준비해 줘."

쿳킨냐쿠는 죽었다. 장례에 참석한 사람은 미티, 발랴, 마켈닛킬랼리트였다. 그들은 쿳킨냐쿠를 오래된 토굴에 놓았다.

그들이 쿳킨냐쿠를 오래된 토굴에 홀로 남겨 두자마자 그는 곧 일어나 올가미를 설치하러 갔다. 아침에 그는 올가미에 다가갔다. 꿩과 토끼 들이 아주 많이 잡혔다. 쿳킨냐쿠는 토굴로 돌아온 후 바로 토끼 고기와 꿩 고기를 익히기 시작했으며 톨쿠사[1]를 만들었다. 그는 잘 먹고 바로 깊이 잠들었다.

가족들이 다음 날 일어났고 미티는 아들에게 아버지에게 가 보라고 했다. 발랴와 마켈닛킬랼리트는 쿳킨냐쿠에게 갔다. 그들이 연기 구멍으로 토굴을 들여다보니 아침부터 음식을 하는 쿳킨냐쿠가 보였다. 쿳킨냐쿠는 순간 연기 구멍을 통해 아들들을 보았으며 그 즉시 바로 달려가서 죽은 척했다. 발랴와 마켈닛킬랼리트는 집으로 돌아와서 미티에게 모두 말했다. 미티는 그들의 이야기를 믿지 않았다.

다음 날 미티는 다시 쿳킨냐쿠에게 아들들을 보냈다. 그들은 다시 연기 구멍으로 들여다보았다. 쿳킨냐쿠는 거기서 허리까지 벗어젖힌 채로 기름기 많은 톨쿠샤를 끓이고 있었다. 쿳킨냐쿠는 아들들을 보고 모닥불 근처에 쓰러져 죽은 척했다. 아들들은 집으로 갔다.

아들들이 집으로 가자마자 쿳킨냐쿠는 일어나서 먹기 시작했다.

"나쁜 자식들이야, 왜 온 거지?"

아들들은 집으로 돌아가서 미티에게 모든 것을 말했다.

다음 날 미티는 직접 남편에게 갔다. 토굴에서 음식을 끓여서 그에게 주려고 간 것이다. 쿳킨냐쿠는 아내를 보고 죽은 척했다. 미티는 안으로 내려가서 쿳킨냐쿠의 발을 차고

---

1) 톨쿠샤 : 야채와 생선, 열매로 만드는 전통 음식이다.

배를 두드리기 시작했다. 쿳킨냐쿠는 토끼 고기, 꿩 고기, 기름진 톨쿠샤를 토해 내기 시작했다. 쿳킨냐쿠는 힘겹게 일어났고 그들 둘은 싸우기 시작했다.

"미티, 왜 온 거야?"

쿳킨냐쿠가 아내에게 큰 소리 쳤다. 그리고 조금 지난 후 말했다.

"좋아, 미티, 싸우지 말자. 우린 해야 할 일이 남아 있잖아."

그들은 싸우는 것을 그만두고 집으로 돌아가기로 결정했다. 쿳킨냐쿠의 토굴은 토끼와 꿩으로 가득 채워져 있었다. 그들은 이 토끼와 꿩을 집으로 가지고 갔다.

쿳킨냐쿠, 미티와 악령들

옛날에 쿳킨냐쿠와 미티가 살았다. 그들은 사냥하러 갔다. 집에는 개들만 남겨 두었다. 그들은 사냥하는 동안 다른 곳에서 살았다. 하지만 쿳킨냐쿠는 그곳에서 계속 있을 수 없었다. 왜냐하면 개들을 집에 남겨 두었기 때문이다. 그때 쿳킨냐쿠는 말했다.

"내가 망을 보고 올게."

쿳킨냐쿠는 집으로 갔고 개들은 막 잔치를 벌였다. 저 멀리서 쿳킨냐쿠는 강한 고함 소리를 들었다. 개들은 가장 아름다운 털외투를 입고 집 주변을 돌고 있었다. 쿳킨냐쿠는 지팡이를 잡고 개들을 쫓았다. 쿳킨냐쿠는 돌아갔다. 그는 집에 와서 말했다.

"안 좋아. 개들이 일을 망쳐 놨어."

그런 다음 미티가 말했다.

"꼭 개들을 찾으러 갑시다."

남편은 설득할 수 없었다.

"찾을 필요 없어."

그러나 미티는 그를 보냈다.

그들은 둘이서 개를 찾으러 갔다. 초가집을 발견했다. 거기서 멀지 않은 곳에 개들이 집을 지었다. 개 한 마리가 지나가는 행인들을 보고 강아지들에게 말했다.

"쿳킨냐쿠 사람들이 지나갈 거야. 그들을 갈기갈기 찢어버리자. 그들은 우리를 내쫓았어."

그때 쿳킨냐쿠는 아내와 함께 하룻밤 묵을 준비를 했다. 둘은 여기에 개의 집이 있다는 것을 몰랐다. 완전히 어두워졌을 때 개 한 마리가 말했다.

"잘 들어, 어두워졌을 때 내가 너희에게 바로 말할 테니. 쿳킨냐쿠와 미티를 공격하자."

쿳킨냐쿠는 엿들었다. 저녁이 왔고 개는 말했다.

"공격하자."

그러나 거기엔 풀만 남아 있었고 쿳킨냐쿠와 미티는 도망갔다.

쿳킨냐쿠와 아내는 걸어갔다. 그들은 악령의 집을 보았다. 그곳에 들렀을 때 늙은 여자 악령이 말했다.

"먹이가 될 사람들이 왔어. 잡아먹자."

미티가 말했다.

"난 너의 딸이었던 적이 있어."

그러나 여자 악령은 말했다.

"나한테는 딸이 없어."

"오래전에 당신은 나를 잃었고 내가 바로 그 딸이에요."

"정말 우리 딸일지도 몰라."

그리고 그들은 쿳킨냐쿠에게 진짜 고기를 대접했고 아내에게는 인간 고기를 대접했다. 그러나 미티는 털외투의 품속에 구멍을 만들어 거기에 고기를 떨어뜨렸다.

다음 날 쿳킨냐쿠와 미티는 일어나 떠날 채비를 했다. 곧 늙은 여자 악령이 펑펑 울기 시작했다.

"아이고, 어떻게 해. 내 딸이 떠나려고 해."

아침에 그들은 돌아갔다. 노파는 침실에서 구멍을 찾기 시작했고 고기가 가득 든 구멍을 발견했다.

"그 여자는 딸이 아닌 것 같아. 진짜 인간들이 왔던 거야."

그때 쿳킨냐쿠와 미티는 집에 돌아와서 살았다.

리티티니안가비트, 쿳킨냐쿠의 딸

옛날에 쿳킨냐쿠는 미티에게 말했다.

"미티, 딸기를 솥째 먹어."

미티는 딸기를 솥째 먹었다. 쿳킨냐쿠는 열매를 따기 위해 어떤 장소로 갔다. 그사이 미티는 딸을 낳았고 그 즉시 딸을 감싸자 딸이 울었는데 딸기가 쏟아졌다.

"딸을 낳았어." 그녀는 품 안에 딸을 숨겼다.

저녁에 쿳킨냐쿠가 집으로 와서 미티에게 말했다.

"미티, 이걸 가져. 열매껍질을 가지고 왔어."

"쿳킨냐쿠, 다리가 너무 부었어요."

"미티, 무슨 일이야?"

"당신 소원을 낳았어요. 정말 마법의 말이 정확하게 실현되었어요."

그는 집 안으로 들어갔다.

"어디 있어? 보여 줘."

그때 미티는 딸을 감쌌다. 딸은 울었고 곧 딸기가 쏟아졌다.

"딸을 낳았다니 좋은 일이야. 딸기를 따러 갈 필요가 없게 되었네."

딸은 금방 성장했다. 이름은 리티티니안가비트였다. 딸 주위에 이미 젊은 청년들이 모이기 시작했다. 리티티니안가비트는 곧 팃킴시신에게 시집가게 되었다. 그녀는 아이를 낳았다. 그들은 미티와 쿳킨냐쿠의 집에 살게 되었다.

팃킴시신이 말했다.

"쿳킨냐쿠, 우리는 저희 집에 다녀와야 할 것 같아요."

그들은 아이도 데리고 갔다. 걸어가는데 아이가 말했다.

"엄마, 목이 말라요."

리티티니안가비트는 남편에게 말했다.

"팃킴시신, 저기 어딘가에 우물이 있어요. 물을 갖다주세요."

팃킴시신은 그리로 갔다.

갑자기 어딘가에서 사수산가비트가 와서 말했다.

"리티티니안가비트, 우리 물물교환하자. 난 너에게 나의 물건을 줄 테니, 넌 나에게 너의 물건을 줘."

리티티니안가비트는 거절했다.

"난 너에게 옷을 줄 수는 없어. 남편이 올 거니까, 썰매에서 너에게 물건을 꺼내 줄 거야."

"아니, 이 아름다운 물건을 나에게 줘."

그때 사수산가비트는 리티티니안가비트에게 달려들어서 바지를 벗기고 그녀를 눈 위에서 밟았다. 사수산가비트는 리티티니안가비트의 물건을 입었다. 완전히 리티티니안가비트처럼 되었다.

틧킴시신이 곧 도착했다.

"리티티니안가비트, 물을 가지고 왔어. 아이에게 먹여."

그녀는 아이에게 먹였지만 아이는 마실 수가 없었다. 아이는 심하게 울기만 했다. 틧킴시신이 말했다.

"아이가 왜 울지?"

"몰라요." 그녀는 딸기 하나를 입에서 혀로 밀어냈다.

"리티티니안가비트, 왜 그렇게 말하는 거야?"

"나쁜 오리 떼가 나를 공격해서 딸기를 쏟아내는 나의 재주를 가지고 가 버렸어."

"그럼 여기에 머물자."

틧킴시신은 천막집을 세웠고 아이를 남겨 둘 수가 없어 툰드라에 갈 수도 없었다. 왜냐하면 아이가 울었기 때문이다.

아들은 성장했고 틧킴시신은 활을 만들어 아들에게 쏘는 법을 가르쳤다. 그는 표적을 밖으로 가지고 나와서 세워 놓고 아들에게 활을 쏘아 보라고 했다. 화살은 어머니가 묻혀 있는 곳으로 날아갔다. 아들은 가서 화살을 찾았다. 무덤에서 어머니가 아들에게 말했다.

"가슴을 밟아, 가슴을 눌러." 아들은 펑펑 울기 시작했다.

아버지는 다가와 아들을 잡았다.

"누군가가 엄마라고 해요. 여기 있어요."

"엄마는 집에 있어. 집으로 가자."

리티티니안가비트가 갑자기 무덤에서 소리쳤다.

"저 여기 있어요. 사수산가비트가 나를 묻었어요."

텃킴시신은 아내를 끌어내서 집으로 갔다.

텃킴시신이 집에 왔을 때 사수산가비트는 솥에서 밥을 먹고 있었다. 그제야 보니 그녀는 꼬리가 있었다. 그는 그녀의 꼬리를 잡고 기둥에 치기 시작했다. 사수산가비트는 머리, 다리가 각기 떨어져 나가 전부 밖으로 날아갔으며 꼬리만 남아서 텃킴시신이 밖으로 던졌다. 사수산가비트는 다시 일어났다.

"오랫동안 잘 먹고 지냈지만 이제 너희 가족들에게 해를 입히겠다."

텃킴시신은 아내에게 옷을 입히고 먹을 것을 주었다.

"됐어. 집으로 가자."

그들은 쿳킨냐쿠의 집에 다 왔다.

"왜 돌아온 것이냐?"

"우리는 집에 가지도 못했어요. 사수산가비트가 우리를 속였어요. 제가 그녀에게 고통을 줬어요. 이제 우리는 아무데도 가지 않을 겁니다."

킬릴키트기나쿠, 쿳킨냐쿠의 아들

옛날에 쿳킨냐쿠에게는 아이가 있었다. 킬릴키트기나쿠는 계속 소고를 가지고 놀았다. 머리에는 항상 구슬을 달고 있었으며 소고를 두드리기만 하고 툰드라로 가지 않았다. 어느 날 쿳킨냐쿠가 말했다.

"애가 밖에 다니지 않는다고 하니 안타깝군. 그 아이가 야생 순록을 사냥해야 우리가 싱싱한 고기를 먹을 텐데."

킬릴키트기나쿠는 말했다.

"제가 툰드라를 가지 않는 건 사실이에요."

그는 소고를 놓고 툰드라로 떠났다.

툰드라에 도착했다. 그는 거기 호수 근처에 앉아 노래도 말도 하지 않았다. 바로 누군가의 노랫소리가 들렸다. 악령들이 노래하고 있었다. 그들은 그의 노래를 불렀다. 그들은 어딘가에서 음을 틀리게 냈다.

"아, 하하하. 우리가 그를 속이는 거야."

그때 킬릴키트기나쿠는 화를 냈다.

"이런 악령들이 나를 알고 있다니. 툰드라에는 오지도 않았는데. 됐어. 난 갈 거야."

그는 일어나 떠났다. 그런 다음 툰드라의 어딘가로 가서 골짜기 근처에 앉아 자신에 대해 생각했다.

'난 야생 순록 떼가 나에게로 오는 것을 보게 될 거야. 그 순록들은 여기서 죽게 되겠지. 내가 그 순록들을 그 무엇으로든 죽일 거니까.'

그때 다시 악령들이 노래하기 시작했다. 어딘가에서 이리로 온 것이었다. 그때 그는 야생 순록 떼가 그에게로 곧장 빠르게 달려오는 것을 보았다. 야생 순록 떼는 그에게로 다가오더니 갑자기 모두 죽어 버렸다. 그는 그들을 보고 말했다.

"내가 하나를 맛보려고 손질하면 나를 죽일 테지."

그는 순록 한 마리를 먹었는데 골수까지 먹고 기다렸다.

"아마도 난 죽겠지."

그러나 그는 죽지 않았다. 그는 순록을 전부 손질해서 등에 메고 집으로 왔다.

"전 아직 솜씨가 좋은 아이인가 봐요."

"시시신, 일랴, 저기 야생 순록 더미가 있으니 그것들을 옮겨라."

그들은 순록 더미를 옮겼고 오랫동안 충분히 먹었다. 킬릴키트기나쿠는 소고를 가지고 놀기 시작했다. 언젠가 쿳킨냐쿠는 다시 말했다.

"다시 아이가 소고를 놓지 않는군. 우리는 신선한 고기를 먹어야 하는데."

그는 다시 툰드라로 갔다.

그는 산으로 올라가서 보았다.

"저기 아가씨들이 열매를 모으고 있군. 멀리서 온 아가씨들이야."

아가씨들은 계속해서 소리치고 그를 모방하며 노래를 불렀다.

"멀리서 온 아가씨들이 나를 알아보았군. 난 아직 한 번도 나간 적이 없는데. 그들은 나의 노래를 부르는군. 내가 그들에게 어떻게 하든 그들은 조롱조로 멜로디를 따라 하네!"

아가씨들은 뭔가를 먹기 시작했고 주위에 앉았다. 그는 블루베리 잎이 되었다. 그 잎은 바람을 타고 날아갔다. 누군가의 가슴에 떨어지면 그 사람은 임신하게 되고 아이를 낳게 된다.

"이봐, 나는 애를 낳았어. 잎 조각을 씹었거든."

"나도 아이를 낳았어."

이 아가씨들이 모두 아이를 낳았다.

그때 킬릴키트기나쿠가 일어났다.

"저 사람이 바로 그 사람이야. 툰드라에 오지 않은 바로 그 사람이야."

“그를 패 주자. 그를 쫓아가자.”

그들은 킬릴키트기나쿠를 쫓아가려고 했다. 그는 일부러 도망가는 척했다. 그는 잡히려 하지 않았고 자신을 보호했다. 아가씨들은 팔에 아이들을 안고 그를 쫓아갔다. 그는 그들을 집으로 유인했다.

“됐어요. 쫓아오는 것을 그만둬요. 아이들을 자루에 넣고 집으로 갑시다.”

그들은 아이를 자루에 두었다. 그들은 다가왔다.

“엄마, 아가씨들에게 불을 내 줘요.”

“웬 아가씨들이냐? 킬릴키트기나쿠, 어디서 이 아가씨들을 데리고 온 거냐? 모두 아이를 데리고 있구나. 저 아이들은 누구의 아이냐?”

“제가 이 아이들을 낳게 했어요. 저 아가씨들은 제 멜로디를 조롱했어요.”

그들 모두는 결혼했는데 시시신, 일랴, 발랴, 형제들 모두가 그들과 결혼했다.

“내 아이들만 모두 나에게 줘.”

그는 가장 어린 두 여자와 결혼했다. 그렇게 모두 결혼했다.

먼 타지의 사람들은 아가씨들을 잃었다. 사람들은 그들을 찾으러 여기에 왔다.

"아가씨들이 물에 빠진 것 같아."

그들은 쿳킨냐쿠의 집에서 배를 찾았다. 배는 기슭에 던져져 있었는데 그곳에 버려진 배를 찾은 것이다. 그들은 그곳으로 갔다.

"우리 누이들의 뼈를 찾을까?"

"이미 모두 애를 낳았어요."

"그들이 가라앉았다고 생각했는데 감사합니다."

탐욕스러운 곰

옛날에 어머니와 아들 밋쿠실린 둘이서 살았다. 어느 날 아들은 겨울에 먹을 생선을 많이 준비했고 일부러 어떻게 하냐고 어머니에게 말했다.

"우리는 겨울에 먹을 말린 생선을 많이 준비했으니 이번에는 가난한 사람들을 대접할 수 있어요."

어머니가 말했다.

"그렇게 큰 소리로 말하지 마. 누가 우리 말을 듣겠구나."

그런 일이 일어났다. 곰이 그 이야기를 듣고 왔다. 곰이 말했다.

"밋쿠실린, 내가 여기 왔어요. 당신이 많은 생선을 준비했다는 소리를 들었어요."

밋쿠실린은 말했다.

"그래, 많이 준비했어."

곰이 말했다.

"그럼 제가 당신 집에 있을 테니 저를 먹여 주세요."

그렇게 곰은 여기서 살게 되었다. 곰은 아침, 점심, 저녁마다 말린 생선 꾸러미를 먹었다. 곧 말린 생선 저장고에 있던 것이 전부 없어졌다.

밋쿠실린이 곰에게 말했다.

"어떻게 하지? 오늘 말린 생선이 다 떨어져서 더 이상 너에게 먹을 것을 줄 수 없게 되었어."

곰이 말했다.

"아무것도 하지 않으면 내가 너를 먹어 버릴 거야. 툰드라에 가서 불 지필 나뭇가지를 꺾어 와. 불에 너를 구워 먹을 거야."

밋쿠실린은 집을 떠나서 툰드라에 도착했다. 나무 꼭대기를 자르기 시작했다. 쿳킨냐쿠가 이 소리를 듣고 말했다.

"이게 뭐지? 나무 자르면서 누가 울고 있는 거지?"

그는 가까이 갔다.

"밋쿠실린, 너구나. 왜 울고 있는 거야?"

밋쿠실린이 말했다.

"곰이 저를 먹으려고 해요. 저를 구울 거예요. 저보고 땔나무를 모아 오래요. 그러면 저를 구워서 먹겠대요."

쿳킨냐쿠가 말했다.

"밋쿠실린, 집으로 가, 울지 말고. 내가 도와줄게."

그는 땔나무를 모아 집으로 갔다. 밋쿠실린은 내내 웃었다. 곰이 말했다.

"밋쿠실린, 너 왜 계속 웃고 있는 거야?"

밋쿠실린이 말했다.

"네가 나를 구워 먹을 거니까."

곰이 말했다.

"기뻐하는구나."

다음 날 쿳킨냐쿠가 와서 연기 구멍으로 보았다.

"밋쿠실린, 넌 왜 그렇게 털이 많니?"

곰이 그를 뒤쫓아 갔다.

"이건 털 궁둥이라고 말해."

밋쿠실린이 말했다.

"털 궁둥이인 것 같아요."

곰이 말했다.

"'같다'라고 하지 마. '털 궁둥이'라고 말해."

밋쿠실린이 말했다.

"털 궁둥이예요."

쿳킨냐쿠가 말했다.

"그럼 좀 더 가까이 가지고 와 봐."

밋쿠실린이 그때 곰을 좀 더 가까이 끌고 갔다.

쿳킨냐쿠가 말했다.

"밋쿠실린, 왜 귀가 커?"

밋쿠실린이 말했다.

"귀가 달린 함지예요."

쿳킨냐쿠가 말했다.

"좀 더 가까이 가지고 와 봐, 좀 더 가까이. 밋쿠실린, 왜 발톱이 있지?"

밋쿠실린이 말했다.

"발톱이 달린 함지예요."

쿳킨냐쿠가 말했다.

"그럼, 조금 더 가까이 밝은 데로 가지고 와 봐."

밋쿠실린은 곰을 연기 구멍에 바짝 갖다 댔다. 쿳킨냐쿠는 그때 곰을 창으로 찔러서 죽였다. 그때부터 저기는 항상 이 이야기에 대한 노래가 불렸다.

쿳킨냐쿠와 시시신

옛날에 시시신이 말하는 짐승인 트루페를 죽였다. 민족 전체가 축하 인사를 했다. 트루페의 고기와 피는 달았다. 시시신은 모두를 대접했지만 쿳킨냐쿠는 일부러 참석하지 않았다.

"이런, 노인을 잊었네. 두 번째에는 대접해야겠어. 서둘지 않는 게 좋아…."

다음에 다시 커다란 잔에 피를 마셨는데 또 노인이 오지 않았다.

"모두 와서 먹는데 빠진 사람 아무도 없지?"

쿳킨냐쿠는 저기서 이빨을 쑤시고 있다. 시시신은 트루페 고기로 모두 대접했다.

"모두에게 나눠진 거지?"

쿳킨냐쿠만 분배된 것을 받지 못했다.

사람들이 집으로 갔다. 그런 다음 쿳킨냐쿠가 떠나면서 내내 고개를 돌렸다.

"시시신이 고기 조각을 들고 달려서 뒤쫓아 오겠지?"

그는 집에 다다랐다.

"발랴와 다른 사람들이 마중 나오겠군."

쿳킨냐쿠는 자신의 코를 세게 쳤고 곧 코에서 나온 피를 장갑에 담았다. 아이들이 마중 나왔다.

"아버지 뭘 가지고 오시는 거예요?"

"트루페의 피를 조금 가지고 오는 거야."

그는 집으로 들어갔다. 미티가 물었다.

"왜 당신은 나 먹을 피 정도만 가지고 온 거예요?"

"무거워서. 아이들에게 수프를 끓여 줘."

미티는 수프를 끓였다. 수프를 먹고 아이들은 심하게 토하기 시작했다.

"이 피는 왜 이렇게 안 좋죠?" 미티가 말했다.

"이건 트루페의 피가 아니라 내 코에서 난 피야."

"불쾌해, 몹쓸 영감, 아이들에게 역겨운 것을 먹이다니. 이런 걸 누가 먹어."

"마중 나온 아이들이 불쌍했어. 아무것도 줄 게 없었거든."

쿳킨냐쿠는 자작나무 조각들을 집에 가지고 와서 우상을 만들기 시작했다.

"무엇에 쓰려는 거예요?"

"내일 우리는 복수하러 가는 거야."

다음 날 동이 트자 그는 커다란 배를 만들고 돛을 달았다. 우상들에 입김을 불어 넣자 우상들은 곧 검은 옷을 입었다.

"시시신에게로 가자. 트루페 고기를 다 가지고 와. 내가 통역할 테니, 너희들은 '프루, 수, 수, 수'라고 말해. 그러면 내가 시시신에게 설명할 테니."

그들은 다가갔다. 시시신이 마중 나왔다.

"아저씨, 사람들이 어디로 가는 거예요?"

"얼마 전에 반대편 대륙에서 와서 '불쌍한 영감, 고기를 가지러 갑시다. 어제 아무것도 받지 못했고 그 어떤 것도 가지고 가지 못했으며 심지어 선물도 받지 못했잖아'라고 말하더군."

"당신에게 고기를 다 내 줄 수는 없어요.."

그때 우상들이 곧 소리치기 시작했다.

"프루, 수, 수, 수, 프루, 수, 수, 수, 프루, 수, 수, 수,"

"아저씨, 그들이 뭐라는 거예요?"

"만약 트루페 고기를 주지 않으면 그들이 너를 패겠다는군."

"그들이 나를 팬다고 해도 고기를 전부 당신들에게 내줄 수는 없어요."

그때 우상들이 시시신에게 덤벼들었고 그를 사슬로 묶어서 패기 시작했다.

다른 사람들이 고기를 가지고 왔다.

"나를 패지 마세요, 고기를 모두 가지고 가세요." 시시신이 울었다.

쿳킨냐쿠가 말했다.

"이봐, 프루수수야, 프루수수야, 패는 걸 멈추고 가자."

그들은 떠났고 시시신을 묶인 채로 남겨 두었다.

그들은 돌아왔다. 쿳킨냐쿠가 말했다.

"고기를 다 저장고에 갖다 놓아."

우상들은 곧 저장고에 고기를 모두 갖다 놓았다. 쿳킨냐쿠는 말했다.

"너희는 나빠, 너희는 진짜 인간이 아니고 싸움꾼이야. 저기 다른 땅에 가서 여기에 오지 마."

우상들은 그들이 왔던 대륙으로 떠났다.

시시신의 누이동생인 리라는 오빠를 풀어 주었다. 시시신은 장작을 가지러 오리나무 숲으로 갔다. 그는 오리나무로 우상을 만들면서 밤을 보냈고 그것으로 오리나무 술을 빚었다. 아침에 커다란 배를 만들어 닻을 달았다. 그는 우상을 배에 싣고 그들에게 입김을 불어 넣었으며 그들이 일본 사람이 되게 했다. 그 자신은 선장이 되었다.

"반드시 쿳킨냐쿠와 미티의 바지를 내려 실컷 패 주는 거야."

그들은 다가갔고 쿳킨냐쿠가 나왔다.

"어디서 온 배지? 시시신이 키를 잡고 있는 것 같군."

일본 사람들이 나와서 말했다.

"시군키비리, 시군키비리!"

쿳킨냐쿠가 물었다.

"시시신, 뭐라고 하는 거야?"

"'트루페 고기는 어디에 있는 거냐?'라고 말하는 겁니다."

"너희에게 전부 내줄 수 없어."

일본인들이 말했다.

"시군키비리, 시군키비리!"

"그들이 우리에게 고기를 주지 않겠다고 말하네요."

그들은 쿳킨냐쿠와 미티를 잡아서 바지를 내리고 사슬에 묶어서 패기 시작했다. 그들 중 절반은 고기를 싣기 시작했다. 쿳킨냐쿠는 소리쳤다.

"우리 생활을 망치고 있어."

미티는 울면서 말했다.

"쿳킨냐쿠는 왜 고기를 가지고 와서 이렇게 아프게 해, 엉덩이에서 피가 나잖아."

시시신과 일본인들은 떠났다. 쿳킨냐쿠와 미티는 마주 보며 기슭에 묶인 채로 남았다.

시시신은 집에 도착했다.

"고기를 전부 저장고에 옮겨 놓아."

그들은 그렇게 했다.

"너희는 나빠, 너희는 바보 같은 싸움꾼들이야. 저기 군도가 보이지. 거기로 가서 여긴 다시 오지 마."

일본인들은 군도로 떠났다.

지금까지 그들은 거기에 살고 있으며 우상들은 적이 되었다.

여우와 썩은 생선

옛날에 사수산가비트가 냇가 옆에 앉아 있었다. 지루해하던 그녀는 썩어 벌레가 붙은 생선을 보았다. 그 생선을 품에 넣고 아이처럼 펑펑 눈물을 흘렸다. 그녀는 경사면에 앉았다. 이 벌레가 낀 썩은 생선을 아이를 재우듯 흔들었다. 남자 어부들을 가득 실은 배가 지나갔다. 그녀는 노래를 불렀다.

멘깃칸이 소리쳤다.

"이리 와 봐요, 당신은 기혼인가요? 만약 결혼하지 않았다면 우리 배에 타서 우리 옷을 수선해 주세요."

"당신이 그리우면 그때 왜 가지 않겠어요?"

그녀는 다시 노래하기 시작했고 그들은 그녀를 남겨 두었다.

이텔멘인들이 그녀를 지나갔다. 다시 그녀의 노랫소리를 들었다. 그때 아이도 울어 댔다.

"이리 와 봐요. 당신이 결혼을 했든 안 했든 우리 배에 타서 우리 옷을 수선해 주세요."

"좋아요. 타죠." 그녀는 일어나서 벌레 먹고 썩은 생선을 흔들며 다가가 배에 탔다.

"금방 있던 아이는 어디 있어요?"

"어떤 아이 말씀이신지, 아이는 없어요."

"금방 누가 그렇게 울었어요? 아이를 어디다 두었어요?"

"난 우울한 마음에 벌레 먹고 썩은 생선을 가지고 있었던 것뿐이에요."

"네, 썩은 생선에 있는 벌레들이 큰 소리로 울었던 거군요."

"제가 그런 거예요."

예멤쿠트는 그녀와 결혼했고 그녀를 집으로 데리고 갔다. 그들은 거기에 살기 시작했다. 그런 다음 예멤쿠트의 스키에 문제가 생겼다. 매우 아름다운 새 가죽으로 만든 스키를 띠로 조여매서 저장고에 매달아 두었다. 며칠 후에 예멤쿠트가 말했다.

"사수산가비트, 나가서 봐 봐, 스키 띠를 개들이 먹어 버린 것 같아."

그녀는 나갔다. 하얀 가죽으로 고정된 아름다운 스키였다. 그녀는 그것을 전부 먹어 버렸다.

그녀가 안으로 들어왔다.

"어떤 스키? 이전 자리에 있는데 누가 그것들을 어떻게 했다는 거야?"

예멤쿠트는 저녁에 나가서 뼈대만 남아 있는 스키를 보

았다. 그는 안으로 들어왔다.

"속상해, 누군가가 스키 가죽 띠를 먹어 버렸어. 키트기나쿠, 내가 그것들을 높이 매달아야 한다고 말했지."

그는 동생에게 심하게 화를 내고 다시 스키 띠를 고정했다. 사수산가비트는 다시 그것들을 먹어 치웠다.

그들은 그렇게 살았다. 그는 스키를 띠로 고정하고 그녀는 다시 그것들을 먹어 치웠다. 그러나 후에 그는 이 여자, 사수산가비트를 심하게 때리고 내쫓았다. 그때 사수산가비트는 집으로 갔다. 예멤쿠트는 다시 아내 없이 살게 되었다.

쥐, 여우, 마귀할멈

옛날에 새끼 쥐들이 말했다.

"엄마, 우리 미끄럼 타러 가요."

엄마가 말했다.

"안 돼, 악마의 입구에 가게 될 거야. 그러니 미끄럼 타러 가면 안 돼."

새끼 쥐들이 말했다.

"한 번만 타고 올게요."

그들은 가서 미끄럼을 타기 시작했다.

마귀할멈이 말했다.

"기다려, 미끄럼 타지 마. 난 바지 호주머니를 달아야 해."

마귀할멈은 바지의 구멍을 꿰매서 막았다.

"그럼 타거라."

새끼 쥐들은 그때 바지 안으로 빠졌다.

곧 마귀할멈은 쥐로 가득 찬 바지를 자작나무 숲으로 지고 갔다. 마귀할멈은 털가죽 윗옷만 입고 벌거벗은 채로 가지고 갔다.

"운구, 운구(자작나무 이름)야, 숙여, 내가 쥐의 뇌를 먹이로 줄게."

자작나무는 고개를 숙였고 마귀할멈은 바지를 걸었다.

"기다려, 나는 쥐를 구울 장작을 가지러 갔다 올게."

마귀할멈은 쥐를 구울 장작을 가지러 갔다.

"이건 신장을 구울 장작, 이것은 눈을 구울 장작, 이것은 간을 위한 장작이야."

마귀할멈은 일을 끝내고 말했다.

"아, 사수산가비트가 여기서 산책을 해."

새끼 쥐들이 사수산가비트에게 소리쳤다.

"사수산가비트, 너 혼자 우리 엄마에게 가."

여우(사수산가비트)가 말했다.

"너희 어떻게 여기 들어간 거야?"

새끼 쥐들이 말했다.

"마귀할멈이 우리를 바지에 넣었어."

여우가 말했다.

"내가 너희를 어떻게 도울 수 있는지 말해 줘."

새끼 쥐들이 말했다.

"'운구, 운구야, 고개를 숙여, 쥐의 뇌를 너에게 먹이로 줄게'라고 말해."

여우가 말했다.

"운구, 운구야, 고개를 숙여, 허리를 펴, 고개를 숙여."

새끼 쥐들이 말했다.

"'숙여'라고만 말해."

여우가 말했다.

"숙여, 숙여."

자작나무는 고개를 숙였다.

여우가 말했다.

"빨리 초록 이끼를 모아서 나뭇조각으로 바지를 채워."

그들은 압사당한 쥐 한 마리를 안쪽 보이는 자리에 놓았다. 여우는 새끼 쥐들을 데리고 돌아갔다. 여우가 말했다.

"나의 집으로 활기차게 앞장서서 가."

여우는 그들을 자신의 집으로 데리고 갔다. 여우가 말했다.

"빨리 오리나무 껍질로 물감을 만들어."

털가죽으로 만든 대야에 붉은 물을 채웠다. 여우가 말했다.

"이제 엄마가 있는 집으로 가."

새끼 쥐들은 집으로 갔다. 여우는 내내 앓았다.

저녁에 마귀할멈이 집으로 왔다. 이끼들이 말했다.

"미기파프, 비티파프."

"삭힌 쥐들을 먹게 되어서 기뻐."

"쉬면서 한 마리를 먹어야지."

어떨까? 마귀할멈은 쥐를 씹어 먹었다.

"기분 좋게 조금 삭았어."

"그럼 다른 것을 먹어 봐야지."

마귀할멈은 또 하나를 먹으려고 했다. 그렇게 마귀할멈은 나뭇조각으로 가득 찬 바지를 꺼냈다.

"망할 사수산가비트, 내가 널 먹어버리겠다."

그때 마귀할멈은 쳐들어가기로 결심하고 여우 집으로 갔다.

"망할 사수산가비트, 내가 널 먹어 버릴 테다."

여우가 말했다.

"아이고, 아이고, 사촌 언니 제 뼈를 먹으세요."

마귀할멈이 말했다.

"무슨 일이야?"

여우가 말했다.

"세 달 동안 혈뇨를 누고 있어서 아파요. 저기 그릇을 보세요."

마귀할멈은 곧 붉은 물이 담긴 커다란 그릇을 보러 갔다. 마귀할멈이 말했다.

"그래, 사촌 동생아, 안 좋구나. 너는 이 그릇을 어디 버리고 싶은 거니?"

"저기 기트기밀리푼 절벽에요."

마귀할멈은 용기를 그리로 가지고 갔고 사수산가비트는 몰래 마귀할멈의 뒤를 밟았다. 마귀할멈을 어떻게 하려는 거지? 마귀할멈은 걸어가면서 뭔가 뒤에서 소리가 나는 것 같아 뒤를 돌아보았다. '무슨 소리지?' 하고 보니 월귤나무가 있었다. 여우가 월귤나무로 변한 것이었다.

"내가 이 열매를 모아서 사촌 동생에게 갖다 주면 좋겠다."

마귀할멈은 다시 발뒤꿈치로 걷기 시작했고 다시 돌아보면 또 여우는 마가목으로 변했다.

"나중에 이 열매를 사촌 동생에게 갖다 줘야겠다."

마귀할멈은 그 절벽에 도착해서 용기를 뒤집었고 여우는 절벽에서 마귀할멈을 세게 밀었다. 용기가 위로 갔다가 마귀할멈이 위로 갔다 하면서 떨어졌다. 마귀할멈은 죽었다. 사수산가비트는 집으로 돌아갔다.

카라긴인의 소탕

옛날에 카라긴인[2]이 살았다. 그들에게는 자신의 언어가 있었다. 카라긴인은 주민이 아주 많았다. 키룸시의 천막집은 마을에서 조금 뒤편에 따로 있었다. 키룸시에게는 움카마크[3]라는 이름의 아들이 있었다.

언젠가 쿨투신인 장로는 말했다.

"우리는 싸우기 위해 세 개의 카라긴인 마을을 습격해야 한다. 우리는 카라긴인 마을을 점령해야 할 것이다. 왜냐하면 그 마을은 짐승이 많기 때문이다. 그곳은 바다코끼리, 고래가 많이 잡히는 곳이다."

힘이 없는 쿨투신인 장로 압캅키는 알류토르 장로가 있는 곳으로 의논하기 위해 떠났다. 압캅키는 알류토르 마을로 와서 바사클루에게 놀러 갔다. 왜냐하면 알류토르 장로가 바사클루이기 때문이다. 그들은 둘이서 의논하기 시작했다. 압캅키가 말했다.

"우리는 카라긴인을 습격해서 그들의 땅을 점령해야 할

---

2) 카라긴인 : '개의 인간들'이란 의미다. 코랴크족의 한 분파다.

3) '딱정벌레'라는 의미다.

겁니다.”

바사클루가 말했다.

“잠깐, 우선 비벤 장로 입세빈에게 가서 이 일을 의논해야 할 겁니다.”

압캅키는 말했다.

“그럼 내일 둘이서 비벤으로 의논하러 갑시다.”

압캅키와 바사클루는 아침에 비벤으로 떠났다. 저녁 무렵에 비벤에 도착했고 입세빈의 집을 방문했다. 입세빈은 나와 말했다.

“안녕하세요. 오셨군요. 당신 둘은 왜 오신 거죠?”

압캅키가 말했다.

“잠깐 우선 천막집으로 들어가시죠.”

입세빈이 말했다.

“들어오시죠.”

압캅키와 바사클루 둘은 천막집으로 들어갔다. 그리고 입세빈과 그 둘은 의논하기 시작했다. 압캅키와 바사클루가 말했다.

“입세빈님, 싸우기 위해 카라긴인에게로 갑시다. 카라긴인을 습격해서 마을을 점령하고 짐승들로 엉망이 되고 있는 카라긴인의 마을을 차지합시다.”

입세빈이 말했다.

"우리가 왜 가야 합니까?"

압캅키가 말했다.

"우리는 가죽배가 꼭 필요합니다. 세 마을은 그것을 공급하는 데 중요할 겁니다."

그들은 카라긴인에게로 가기로 했다. 채비를 완전히 끝내자마자 그들은 각자 자신의 군대를 준비하기 시작했다. 쿨투신인과 알류토르인은 여기에서 비벤 마을로 먼저 출발했고 곧 그곳, 비벤에서 내내 같이 갔던 세 부족의 군대가 출발했다. 겨우 사만을 지나갈 때 그들은 가죽배에 타고 있는 어느 카라긴 정찰병을 보게 되었다. 그의 이름은 루이였다. 가죽배 함대가 다가오는 것을 보자 루이는 빨리 가죽배를 타고 집으로 갔다. 루이가 집에 도착해서 집안사람들에게 말했다.

"안 좋은 일이야. 수많은 군대가 오고 있어."

카라긴인들은 전투를 준비하기 시작했다.

쿨투신인, 알류토르인, 비벤인은 가죽배를 끝까지 타고 오지 않고 상류 지역에 두었다. 그 세 군대는 걸어서 섬사람들에게로 다가갔다. 정말 세 부대가 다가왔고 섬사람들은 활을 쏘기 시작했다. 결국 카라긴인 부대가 전멸했다. 그런 다음 카라긴인의 건강한 여성들이 모두 나와 싸우기 시작했다. 왜냐하면 남편들이 모두 죽었기 때문이다. 마침내 아이들만 남았고 섬의 주민들은 전멸되었다. 싸움이 끝났다.

쿨투신인, 알류토르인과 비벤인은 가장 좋은 물건을 고르기 시작했다. 그들은 조금 더 멀리 있던 또 하나의 천막집에 대해서는 몰랐다. 그렇게 그들은 집으로 갔고 쿨투신인과 알류토르인, 비벤인은 말했다.

"카라긴인의 마지막 마을이야."

그러나 또 하나의 가정이 남아 있었다. 세 부족의 군대는 집에 와서 식구들에게 말했다.

"우리는 카라긴인을 전멸시켰고 그 땅에 바다코끼리를 사냥하러 다닐 거야. 이제 카라긴인의 땅이 우리 것이 되었어."

한편 키룸시가 말했다.

"마을 사람들이 어딘가로 떠났나 봐, 반달 동안 우리가 살고 있는 이곳에 아무도 오지 않으니."

그런 다음 키룸시는 잠시 생각하더니 말했다.

"만약 오늘도 아무도 오지 않으면 내일 내가 마을로 가 봐야겠어."

밖에 땅거미가 졌지만 한 사람도 오지 않았다. 그때 키룸시는 생각하더니 말했다.

"무슨 일이 일어난 것 같아. 만약 그들이 살아 있다면 누구든 말했을 거야. 놀러 오라고 말이야."

다음 날 동이 텄을 때 키룸시는 마을로 갔다. 마을로 다가갔지만 한 사람도 다니지 않았다. 키룸시는 그때 생각하고 말했다.

"그들에게 무슨 일이 일어난 거야. 적들이 습격한 것 같아."

키룸시는 마을로 와서 죽은 사람들 대부분이 누워 있는 천막집 사이를 보았다. 그는 말했다.

"적들은 죽이기 위해 그들을 습격한 걸까?"

키룸시는 첫 번째 천막집에 다가갔다. 안에는 어린 소년 소녀들이 있었다. 그는 아무것도 묻지 않았다. 왜냐하면 그들 모두는 아직 아무것도 모르는 나이이기 때문이었다. 그다음 다른 천막집에 갔다. 키룸시는 그 집으로 들어갔다. 거기에도 많은 아이들이 있었다. 좀 더 큰 아이 둘이 있었는데 그때 키룸시가 가장 나이가 많은 아이 둘에게 물었다.

"적들이 이 마을 사람들을 왜 죽인 거냐?"

소녀가 말했다.

"쿨투신인, 알류토르인, 비벤인이었어요. 그 군대들이 우리 군인들을 죽였어요. 어머니들까지 모두 싸웠지만 결국 우리들만 남았어요."

키룸시는 집으로 갔다. 그는 자신의 천막집에 와서 말했다.

"아무도 남아 있지 않아. 모든 주민들이 죽었고 어린아이들만 남았어. 그들 중 나이가 많은 아이가 둘이 있는데 남자아이와 여자아이야. 그 두 아이가 말해 줬어. 쿨투신인, 알류토르인과 비벤인이 우리 마을 사람들을 죽였다는 거야."

키룸시는 덧붙였다.

"모여, 친구들에게로 가서 시신들을 모으자."

그들은 집을 출발해서 마을에 도착했다. 그리고 여러 날 동안 죽은 채 밖에 있던 사람들을 호수에 던졌다. 마침내 죽은 사람들을 호수에 던지는 일을 끝냈다.

그때 키룸시가 생각하고 말했다.

"이 어린 소년 소녀들을 데리고 무슨 일을 할 수 있을까? 내가 그들 모두를 먹여 살려야 한다는 얘긴데 그들을 키울 수가 없어. 난 이미 너무 늙었는걸."

키룸시는 다시 생각하고 말했다.

"만약 다시 그들을 태워 죽이면 정말 나쁜 일이야. 난 후회하게 될 거야. 그들은 살아 있으니까. 그들을 열 명씩 망에 묶어서 물에 던지는 것이 더 낫지 않을까? 돌에 매달아서 바다에 돌돌 말아서 던져 버리는 것이 더 낫지 않을까?"

그런 다음 키룸시는 아이를 열 명씩 망에 쌌다. 그는 아이들을 묶은 보따리를 바다에 던졌다. 그런 다음 모든 아이들을 던지는 일이 끝났다. 키룸시 일가는 그대로 살았다. 왜냐하면 주변에 민족들이 전쟁을 더 이상 벌이지 않았기 때문이다.

킬리븐가비트와 그녀의 오빠들

옛날에 두 명의 남자 형제와 킬리븐가비트라는 이름의 막내 여동생이 살았다. 오빠 둘은 성장했고 강해지기 위해서 수련을 시작했다. 그들은 더 이상 나무 화살촉으로 활을 쏘지 않을 정도로 강해졌으며 순록 뿔로 만든 화살촉으로 화살을 쏘기 시작했다.

그들의 여동생은 미혼이었다. 이 킬리븐가비트는 매일 툰드라로 갔다. 그녀는 몰래 타민족(他民族) 사람과 사랑을 나누면서 이런 사실을 오빠들에게 알리지 않은 것이 분명하다. 킬리븐가비트가 임신을 했고 툰드라에서 자신의 애인을 다시 만났을 때 그녀는 직접 애인에게 말했다.

"우리 오빠들을 죽이세요."

타민족인 그녀의 애인이 말했다.

"왜 내가 그들을 죽여야 하지? 너의 친오빠들이잖아. 난 그들을 죽일 수 없어. 그들은 강해. 만약 내가 그들을 죽이려고 하면 그들이 나를 죽일 수도 있어."

그때 킬리븐가비트가 말했다.

"만약 당신이 오빠들을 죽이지 않으면, 내가 당신 아이를 낳을 때 그들이 나를 죽일 거예요. 오빠들은 '넌 적에게 시집을 갔구나'라고 말할 테니까요."

그때 그 타민족 애인은 말했다.

"그럼 우리가 당신 오빠들을 어떻게 죽이지?"

킬리븐가비트가 말했다.

"오빠들을 죽일 수 있는 쉬운 방법이 있어요. 전 늦게 집에 돌아갈 거예요. 그리고 오빠들이 잠자리에 들자마자 오빠의 활이 있는 저장고로 갈 거예요. 칼로 활시위를 자르고 툰드라로 창을 두 개 가지고 올 거예요. 그럼 당신은 어두워지기 전에 우리 집으로 오세요. 우리 둘이서 오빠 둘을 간단히 죽일 수 있을 거예요."

타민족 애인이 말했다.

"좋아, 집으로 가."

킬리븐가비트는 집으로 갔다.

그녀가 집에 도착했다. 오빠 하나가 킬리븐가비트에게 말했다.

"왜 이렇게 오랫동안 집을 비우니?"

그러자 킬리븐가비트가 말했다.

"혼자 툰드라를 오래 돌아다녔어."

날이 어두워졌다. 두 오빠는 잠이 들었다. 그러자 킬리븐가비트는 저장고로 갔다. 그녀는 저장고에 있는 두 오빠의 활을 발견하고 칼로 활시위를 자른 후 창 두 개를 툰드라로 가지고 갔다. 그런 다음 밤에 킬리븐가비트의 타민족 애인이 왔고 곧 적을 부르는 독특한 소리를 질렀다.

킬리븐가비트가 오빠들에게 말했다.

"어머, 적이 우리를 습격했어. 일어나요!"

그때 순록 뿔로 만든 화살을 쏘는 두 오빠가 일어났다. 두 오빠는 곧장 저장고로 달려갔으나 자신의 활을 보니 활시위가 잘려 있었다. 그때 다시 창이 놓여 있던 곳으로 달려갔지만 거기서 두 개의 창을 찾을 수 없었다. 두 오빠는 다시 집으로 달려갔다. 타민족 애인은 두 오빠를 죽이려고 했다. 그가 두 오빠에게 상처를 입히자 두 오빠는 죽은 척을 했다.

타민족 애인은 바로 킬리븐가비트에게 말했다.

"자, 이리 와, 고집 센 네가 나에게 말했잖아. '우리 두 오빠를 죽입시다'라고 말이야. 내가 너에게 말했잖아. 죽일 필요는 없다고 말이야. 이리 와서 봐. 우리가 그들에게 무슨 짓을 했는지. 난 너의 두 오빠를 죽였어. 그들 둘 다 말이야."

킬리븐가비트가 와서 누워 있는 두 오빠를 보았다. 그리고 남편에게 말했다.

"그들은 죽지 않았을 거예요. 그들이 죽었는지 시험해 봐요. 두 오빠 중 한 오빠의 윗입술을 잘라요. 큰오빠부터 시작해요."

그는 그의 윗입술을 잘랐지만 꼼짝도 하지 않았다.

킬리븐가비트는 말했다.

"그럼 이 오빠는 정말 죽었어요. 이제 둘째 오빠의 윗입술을 잘라요."

타민족 애인은 윗입술을 잘랐고 둘째 오빠는 움직였다. 그는 아직 강한 영혼을 가지지 못했기 때문이다. 그래서 그는 아파했다. 킬리븐가비트가 남편에게 말했다.

"그를 죽여요."

타민족 남편은 바로 창으로 둘째 오빠를 찔렀고 그는 그 자리에서 죽었다. 타민족 남편이 말했다.

"그럼, 이제 우리 둘이 나의 집으로 가자!"

그들은 집으로 갔다. 그들은 그의 집에서 함께 살기 시작했다.

순록 뿔로 만든 화살로 활을 쏘는 큰오빠 린니날필린은 죽은 동생의 시신을 태우기 시작했다. 태우는 것을 끝내고 자신의 친척에게 가기 위해 길을 떠날 채비를 했으며 가까운 친척이 있는 알류토르인 거주지로 갔다.

그는 거기서 상처를 치료했고 마침내 완전히 회복했다. 10년 동안 그는 거기서 지냈고 더욱더 강해졌다. 린니날필린이 말했다.

"조용히 떠날 채비를 하려고 합니다. 사실 우리에게는 오래전에 누이동생이 있었는데 전 그 아이에게 가서 끔찍한 죽음을 맛보게 해 줄 겁니다."

린니날필린은 즉시 자신의 가까운 친척을 모으기 시작했으며 그들 중에는 그의 사촌 형제들과 조카들이 있었다. 린니날필린은 그들을 모아서 말했다.

"갑시다, 우리 여동생을 찾읍시다. 그 아이를 찾아서 고통스러운 죽음을 맛보게 해 줍시다. 단숨에 숨을 거두게 해서는 안 됩니다."

모두 말했다.

"갑시다."

얼음이 녹는 봄이 되자 그들은 북쪽 나라로 떠났다. 그렇게 아침 일찍 그곳에 도착했다. 그들은 도착해서 타민족의 일꾼들에게 물었다. 린니날필린이 말했다.

"제 여동생의 천막집은 어디에 있습니까?"

그들은 한쪽을 가리키며 말했다.

"바로 저기입니다. 천막집 무리 가운데에 그들의 집이 있습니다."

린니날필린은 올가미를 들고 바로 그곳으로 갔다.

그는 그 천막집에 도착해서 지붕 위에 걸려 있는 장대 꼭대기에 올가미를 던지고 강하게 조여서 집을 멀리 날려 버렸다.

그의 여동생이 바로 일어나 말했다.

"타민족 사람들은 어디서 온 거죠? 이들은 어떤 민족이죠?"

린니날필린이 말했다.

"입 닥쳐, 입술이 없는 타민족 사람들이 너희를 찾아낸 거야."

여동생이 말했다.

"조심해, 여기에 오빠 조카들이 있어."

린니날필린이 말했다.

"나의 조카들은 여기 하나도 없어. 친척이라곤 여기 아무도 없어."

린니날필린은 타민족 일꾼들에게 말했다.

"무리를 집으로 몰아가세요."

타민족 일꾼들은 말 떼 쪽으로 갔다. 그들은 가축 떼를 몰았다. 길들여지지 않은 수컷 순록을 두 마리 잡아서 천막집에 데리고 왔다. 그때 여동생은 길들여지지 않은 수컷 순록 두 마리가 있는 그곳으로 끌려왔다. 린니날필린은 누이의 복사뼈에 구멍을 뚫고 구멍에 줄을 꿰어 두 마리의 수컷 순록에 묶었다. 그리고 그 순록들을 풀어 주었다. 두 마리의 수컷 순록은 빠른 순록들처럼 달렸다. 그러자 킬리븐가비트는 둘로 나뉘었고 순록들은 집으로 돌아왔다. 이제 두 마리 순록은 자기 자리로 각자 돌아갔다. 한 마리는 여동생의 다리 하나를 끌고 갔고 다른 순록은 또 다른 다리를 끌고 갔다. 킬리븐가비트의 남편은 울기 시작했다.

린니날필린은 킬리븐가비트의 아이들도 죽였다. 린니날필린이 그 이유를 말했다.

"만약 이 아이들을 죽이지 않으면 언젠가 나의 적이 될 것이므로 난 누이의 아이들을 죽이는 것이다."

그리고 린니날필린은 킬리븐가비트의 남편에게 말했다.

"너를 죽이지는 않겠다. 왜냐하면 먼저 넌 죄가 없다. 나의 누이가 죄를 자초했고 그 때문에 난 킬리븐가비트에게 끔찍한 죽음을 맛보게 했다."

린니날필린은 타민족 사람에게 말했다.

"자, 이제 우리는 집으로 갑시다. 난 당신의 가축 떼를 반으로 나눌 것이오. 당신은 말하겠죠. '린니날필린이 왜 우리 가축 떼를 반으로 나누는 거지?'라고 말이오. 내가 당신 가축 떼를 반으로 나누는 이유는 전에 나의 남동생을 당신들이 죽였기 때문입니다. 당신은 전에 우리에게 더 나쁜 짓을 했어요. 만약 당신이 전에 나에게 나쁜 짓을 하지 않았다면 지금 나는 당신에게 이런 짓을 하지 않았을 것이고 누이에게 끔찍한 죽음을 맛보게 하지 않았을 것이며 조카들도 죽이지 않았겠죠? 당신이 나의 윗입술을 자르게 한 것에 화가 났고 심지어 당신은 윗입술을 자를 가치도 없다고 말했어요. 저는 일꾼 일부를 데리고 갈 것이며 일부는 당신에게 남겨둘 겁니다."

그리고 그는 가축 떼를 반으로 나눴고 그 외에는 일꾼의 반을 데리고 갔고 나머지 반은 그들에게 남겨 두었다. 린니날필린 일행은 집으로 떠났다. 그들은 집에 도착했고 그는 아바밀카키라는 또다른 이름으로 불리게 되었으며 그 뜻은 '윗입술이 없다'다. 아바밀카키는 타민족 사람들의 일꾼에게 말했다.

"이제 당신들은 살고 싶은 대로 살 수 있습니다. 가축 떼를 관리하고 저에게 순록을 잡아 주세요."

여기서 그들은 계속해서 살게 되었다. 아바밀카키는 순록이 먹고 싶으면 가축 우리로 가서 그들에게 말했다.

"나에게 순록을 잡아 주세요. 제가 먹을 겁니다."

린니날필린은 그렇게 오래도록 살았다.

임카와 아들 피니난

옛날에 임카라는 강한 인간이 섬에 살았다. 그에게는 가족이 있었다. 아내, 쿠나비트라는 이름의 딸 하나와 피니난이라는 이름의 아들이 그들이었다. 임카에게는 타비틴이라는 이름의 사촌 형제가 있었으며 그에게는 아내가 둘이었는데 둘 다 아이가 없었다.

적의 군대 대다수가 임카의 동포들을 죽였다. 이후 적의 군대 대다수가 명성을 떨쳤다. 그들 셋은 의논하기 시작했다. 타비틴이 말했다.

"여기 성에서 싸웁시다. 아마 우리는 그 적들을 섬멸할 수 있을 겁니다."

그러자 임카가 말했다.

"여기서 싸우는 건 우리에게 불리해. 다시 천막집 사이에서 많은 피를 흘리게 될 거야. 조금 더 멀리 떨어진 툰드라에서 싸우는 게 좋아."

적의 군대가 왔다. 임카 사람들은 성에서 나와 툰드라로 가서 싸우기 시작했다. 적들을 죽이기 시작했다. 그러나 화살이 다 떨어졌고 그때부터 그들은 창으로 싸우기 시작했다.

임카는 화가 났다. 그는 창을 던지고 즉시 도끼를 꺼내서 적의 군대로 달려들었다. 그리고 뿔로 만든 도끼로 적의 머리를 베기 시작했다. 그러나 뿔 도끼로 치기에는 장소가 좋지 않았다. 뿔 도끼는 갑옷의 날개 부분에 끼였다. 임카는 더욱더 화가 났다. 그런 식으로 적진 한가운데로 들어갔고 도끼에 낀 적을 흔들었다. 도끼를 뽑아내기가 불가능했기 때문이다. 그는 그 적과 함께 도끼를 흔들었다.

그러나 적은 임카의 겨드랑이를 창으로 찔렀다. 창을 뽑고 나서도 임카는 죽기 전에 열 명의 적을 더 죽였다. 임카는 결국 죽었다. 그의 아들 피니난은 오른팔에 부상을 당했다. 타비틴 혼자 싸우기 시작했으며 조카에게 말했다.

"기다려, 싸우는 것을 그만둬. 집으로 돌아가. 난 혼자 싸울 거야. 우리는 적을 죽였어. 이제 내가 이 모든 적을 죽일 거야."

피니난은 집으로 갔고 집에 도착하자 어머니가 물었다.

"아버지와 삼촌은 어디 있니?"

피니난이 말했다.

"적들이 아버지를 죽였고 전 타비틴 삼촌을 남겨 두고 왔어요. 삼촌은 아직 싸우고 있어요. 적들이 저의 오른팔에 활로 상처를 입혀서 삼촌이 저에게 말했어요. '너는 싸우지 말고 집으로 가'라고 말이에요."

타비틴은 몇몇 적을 죽였고 기슭 쪽에서 여조카 쿠나비트가 도망가는 것을 보았다. 타비틴은 적을 섬멸하고 집으로 갔다. 그는 집에 도착해서 아내에게 말했다.

"식사를 합시다. 식사가 끝나면 임카를 데리고 와서 집으로 보냅시다."

식사를 끝내고 임카를 데리러 갔다. 그들은 도착해서 임카를 발견했다. 임카는 피투성이가 되어서 누워 있었다. 임카의 아내는 울기 시작했다. 그런 다음 그들은 임카를 배에 싣고 집으로 왔다.

그때 임카의 아내가 정신을 차리고 말했다.

"쿠나비트는 어디에 있는 거지? 보이지 않은 지 오래되었는데."

그러자 타비틴이 말했다.

"제가 그 아이를 이전에 보았어요. 쿠나비트는 기슭을 따라 달려가더군요."

쿠나비트의 어머니인 임카의 아내는 말했다.

"혹시 쿠나비트 그 아이는 어떤 마을로 간 건가요?"

그들이 임카를 불태울 때 타비틴이 말했다.

"제가 쿠나비트가 떠난 곳을 가서 그 아이를 찾아볼게요."

그는 처음에 키치긴 마을로 갔다. 타비틴은 도착해서 키치긴 사람들에게 물었다.

"혹시 쿠나비트가 여기 오지 않았나요?"

키치긴 사람들이 그에게 말했다.

"쿠나비트는 여기 오지 않았어요."

타비틴은 리킨니키로 떠났다.

리킨니키에 도착해 타비틴은 그곳 주민들에게 물었다.

"여기 쿠나비트라는 처자가 오지 않았나요?"

리킨니키 주민들은 그에게 말했다.

"이 마을에 쿠나비트라는 이름의 처자가 있어요."

그때 타비틴이 말했다.

"나의 조카 쿠나비트가 살아 있다니 다행이군요."

그는 쿠나비트를 찾아갔다. 타비틴은 조카와 이야기를 나누었다. 타비틴이 말했다.

"집으로 갈 수 있어. 어떻게 하고 싶은지 말해."

그러자 쿠나비트가 삼촌에게 말했다.

"전 집에 가고 싶지 않아요. 여기서 남편감을 찾을 거예요."

타비틴은 집으로 갔다.

집에 돌아와서 집안 식구들에게 말했다.

"쿠나비트는 리킨니키 마을에 있어요. 제가 그 아이에게 집으로 가자고 말했지만 쿠나비트 그 아이는 집으로 돌아가자는 제안을 거절했어요."

쿠나비트의 어머니는 말했다.

"그럼 그 아이는 자기 식대로 살도록 내버려 두죠. 거기서 신랑감을 찾을 테니까요."

타비틴은 조카에게 말했다.

"빨리 완쾌하도록 해. 곧 적의 군대가 쳐들어올 거야. 나 혼자 싸우는 건 무리야."

피니난이 완전히 나았을 때 타비틴은 그에게 겨울에 말했다.

"피니난, 떠나자, 말린 생선을 가지고 가."

말린 생선은 칼류비투강에 있는 저장고에 있었다. 아침에 피니난은 떠났다. 그는 저장고에 도착해서 문을 열었다. 그리고 안으로 들어가서 말린 생선 꾸러미를 만들었다. 바로 그때 적들이 구멍을 들여다보며 피니난을 향해 말했다.

"임카의 피니난인 것 같아. 불 질러."

그때 피니난이 위를 보았고 적들에게 말했다.

"임카의 피니난은 부패한 노란 기름이라면 타 죽을 수도 있어."

피니난은 있던 곳에서 밖으로 튀어나왔다. 그들은 구멍의 출구를 지켰지만 서로를 창으로 찌를 뿐이었다. 사실 그들의 창은 주변에 있는 것들로 만든 것이었다.

"피니난이 나오면 찔러 죽일 거야."

그러나 피니난이 밖으로 튀어나온 것은 순식간이었다. 적들은 정확하게 피니난을 찌를 수가 없었다. 왜냐하면 임카의 아들 피니난은 재빨랐기 때문이다. 그들은 서로를 창으로 찔러 상처를 입혔다.

피니난은 땅에 내려와서 한쪽 다리로 춤을 추며 말했다.

"임카의 피니난을 불태우는 것은 불가능한 일이야. 꼭 필요하다면 타겠지만 말이야."

피니난은 적들에게 말했다.

"너희의 순록을 준비해 둬. 나는 나의 다리를 준비할 테니, 너희는 나를 따라와, 너희는 순록을 타고 나는 걸어서 말이지."

그때 적들이 피니난에게 달려들었다. 피니난은 새처럼 날았다. 그는 집에 도착해서 놀이용으로 꽂아 둔 높은 기둥 위에 앉았고 한 다리로 기둥 꼭대기에 섰다.

적들은 와서 피니난이 기둥 꼭대기에 한 다리로 서 있는 것을 보았다. 적들이 말했다.

"피니난은 재빠른 것 같아."

피니난이 타비틴에게 소리쳤다.

"삼촌, 우리 활을 준비해요."

타비틴은 조카에게 말했다.

"너 뭐 하고 있는 거야? 빨리 성으로 와, 적들이 오고 있어."

그러자 피니난이 말했다.

"그들이 오게 하세요. 전 곧 성으로 들어갈 거예요."

적들이 왔으며 기둥 꼭대기에 앉아 있던 피니난에게 활을 쏘기 시작했다. 그러나 그들이 피니난을 맞히려고 하자 피니난은 성으로 튀어 들어갔고 적들의 화살은 땅에 떨어졌다. 그들은 싸우기 시작했고 적의 군대를 섬멸했다. 적 한 명은 집으로 돌아가게 했다.

적은 집으로 돌아가서 동료들에게 말했다.

"난 더 이상 그 마을을 쳐들어가지 않을 거야. 적들은 우리보다 강하고 민첩해. 우리는 저장고 아래에 있던 피니난을 발견하고 그 안에서 꼼짝 못 하게 했어. 그리고 입구 주변에 우리 창을 준비해 두었지. 그러나 우리는 밖으로 튀어나온 피니난을 놓쳤어. 나의 동료들은 출구 옆을 지키고 서 있었는데 서로를 창으로 찔러 대기만 했어. 그때 우리는 마구를 맨 개들을 타고 피니난에게 달려들었어. 피니난은 걸어서 가는 듯했지만 실상 새처럼 날아가더군. 피니난의 집으로 다가갔을 때 우리는 기둥 꼭대기에 있는 그를 보았어. 그는 한 다리로 서 있었어. 우리가 활을 쏘기 시작하자 갑자기 그는 자기 성으로 튀어 들어갔고 우리 화살은 땅에 떨어졌어. 그때 우리는 싸우기 시작했어. 그들은 우리 부대를 곧 섬멸했지. 나만 집으로 돌려보내 준 거야. 그래서 지금 내가 너희에게 이야기할 수 있는 거야. 난 더 이상 그들과 싸우지 않을 거야. 소용없는 짓이기 때문이야. 또다시 가면 그들은 날 죽일 거야."

사촌 형제들

1871년에 일리르에 세 형제가 살았다. 가장 연장자는 리기르닌이고 둘째는 일루카마크이고 막내는 아킬루이며 그들에게는 사촌 형제들이 있었다. 형은 사세빈이고 아래는 아카릴린이다.

언젠가 물고기가 지나갔고 그들은 말했다.

"배를 타고 키치쿠(티믈라트 근처 마을)에 놀러 가자."

두 집 형제들은 배를 준비했고 비벤카 옆을 지나갔다. 일리르 형제들과 함께 티나캬프의 배도 출발했다. 세 척의 배가 떠났으며 내내 함께 갔다. 곧 키치쿠에 도착했다. 거기에 야생 순록을 맸다. 반달 동안 키치쿠에서 지냈다. 그런 다음 그들은 키치쿠에서 떠났고 또 한 척의 배가 그들과 함께 일리르로 갔다. 그 배는 바사기른의 배였다.

그런 다음 그들은 그빈[4]으로 갔고 거기에서 바다코끼리를 잡았다. 바다에는 강한 썰물이 일었다. 여기서 많은 바다코끼리를 죽였다. 아카릴린은 가장 큰 수컷 바다코끼리를 죽였다. 아주 커다란 송곳니를 가진 놈이었다. 그들은 바다

---

4) 비벤카(캄차트카 변강주 알류토르 지역의 마을) 근처.

코끼리 죽이는 것을 그만두고 죽인 바다코끼리를 각자 모으기 시작했다. 아카릴린은 그 커다란 바다코끼리의 가죽을 벗기고 내장을 꺼내기 시작했다.

그때 리기르닌이 다가가 말했다.

"이 커다란 수컷 바다코끼리는 우리의 것이야. 우리가 이 바다코끼리를 죽인 거야."

그러나 아카릴린이 응수했다.

"난 너희에게 이 커다란 수컷 바다코끼리를 줄 생각이 없어."

키치쿠의 노인 탓칼리가 다가와 말했다.

"너희들은 사촌 형제 간인데 무엇 때문에 다투는 것이냐?"

리기르닌이 소리쳤다.

"우리는 이 바다코끼리를 빼앗을 겁니다."

그때 사세빈이 말했다.

"좋아, 어쨌든 이 거대한 바다코끼리를 가지고 가."

리기르닌이 말했다.

"우리는 강제로 이 거대한 바다코끼리를 가지고 갈 거야."

그때 아카릴린이 소리쳤다.

"그렇게 해도 너희들은 이 바다코끼리를 가질 수 없을 거야. 왜냐하면 나는 너희 세 형제보다 힘이 세기 때문이야. 너희 모두 나보다 약하고 나의 형인 사세빈 역시 약한 인간이야."

그때 티나캬프가 말했다.

"육지로 나가자, 거기서 바로 싸움을 시작해."

키치쿠 노인 탓칼리가 말했다.

"바다코끼리 때문에 싸워서는 안 돼. 수치스러운 일이야. 너희들은 사촌 형제잖니."

그때 티나캬프가 말했다.

"싸우게 내버려 두세요. 우리는 보고 즐기면 돼요."

곧 그들은 기슭으로 나와 자신들의 막사로 각자 돌아갔다.

사세빈은 아내가 있는 집으로 돌아갔고 즉시 신발을 벗고 말했다.

"우리는 뭘 하는 거지? 어쨌든 우린 형제잖아."

그때 사세빈에게로 리기르닌이 왔다. 리기르닌이 말했다.

"안 좋은 일이야. 싸우는 건 수치스러운 일이란 말이야. 어쨌든 우리는 한 피를 나눴잖아. 난 너희에게 싸우자고 말할 수 없어. 그렇지만 어쨌든 우리는 한쪽이 더 약하다는 것이 증명될 때까지, 어떤 경우든 일어날 수 없는 쪽이 생길 때까지 싸우게 될 거야."

그러자 사세빈이 말했다.

"만약 너희가 싸우기를 원한다면 그렇게 하자. 좋아, 우리가 싸움을 시작하지. 너희가 알고 있는 싸우기에 적당한 장소로 가. 거기서 나를 기다려."

사세빈은 옆구리에 커다란 칼을 매달고 갈 채비를 했다. 리기르닌 세 형제가 기다리고 있는 그곳으로 싸우러 떠났다.

사세빈이 도착했다. 리기르닌은 이미 털가죽 옷을 벗은 상태로 그를 기다리고 있었다. 사세빈은 도착하자마자 털가죽 옷을 벗고 칼을 꺼내 리기르닌에게 들이대기 시작했다. 사세빈이 말했다.

"나를 죽이려면 이 칼을 잡아."

리기르닌이 말했다.

"수치스러운 일이야. 너를 죽이지 않을 거야. 우리는 사촌 형제잖아."

그때 사세빈이 말했다.

"네가 남자면 빨리 칼을 잡아. 이 칼을 잡아."

그러나 리기르닌은 저 멀리 갔다.

그때 사세빈이 리기르닌에게 고의로 뼈에 상처를 입혔다. 사세빈이 말했다.

"이제 이 칼을 잡아. 네가 진정한 남자라면 말이야."

그러나 리기르닌은 도망갔고 사세빈은 즉시 리기르닌을 죽였다. 그리고 다른 형제들도 죽이기 위해 달려들었다. 사세빈은 일루카마크에게 가서 그를 찔렀다.

아킬루는 물에 떠 있는 집으로 도망갔다. 아킬루는 아내에게 왔고 아내는 그를 아이처럼 품에 넣었다. 사세빈이 물에 떠 있는 집으로 와서 아킬루의 아내에게 말했다.

"아킬루를 왜 품에 넣은 거요. 난 그를 죽이지 않을 거요."

그때 아내는 아킬루를 꺼냈다. 그들은 죽은 그 둘의 장례를 치렀고 배를 타고 떠났던 이들은 집으로 향했으며 일리르의 집으로 돌아가서 살았다.

티나캬프의 누이동생은 티나기르긴에게 몰래 시집을 갔다. 곧 겨울이 왔다. 티나캬프는 동생, 물릿칸을 누이동생에게로 보내면서 말했다.

"틸리치키로 가서 누이동생을 데리고 와. 거기서 그 아이를 데리고 오는 도중에 죽여, 만약 죽이지 않고 돌아오면 내가 널 죽일 거야."

물릿칸은 곧 틸리치키로 떠났다.

물릿칸은 누이동생의 집에 들러 차를 마셨다. 물릿칸이 누이동생에게 말했다.

"떠날 채비를 해, 난 널 데리고 가야 해."

누이동생은 떠날 채비를 했다. 물릿칸이 차를 다 마신 다음 둘은 집으로 떠났다.

겨우 인피바얌(오래된 강) 너머로 돌아갔을 때 그들은 거기서 멈췄다. 물릿칸은 누이에게 말했다.

"아무것도 하지 마, 난 널 죽여야 해. 아님 내가 죽임을 당할 거야. 만약 내가 널 죽이지 않으면 티나캬프가 나를 죽인다고 했어."

누이동생이 말했다.

"기다려, 소변 눌 시간은 줘."

물릿칸은 누이동생을 기다렸고 울면서 그녀를 불쌍해했다. 누이동생은 소변을 다 눴고 그는 누이동생을 죽였다.

물릿칸이 죽은 누이동생을 썰매에 싣고 집으로 갔다. 티나캬프가 나와서 썰매에 실려 온 누이동생을 보았다. 티나캬프는 동생에게 물었다.

"왜 넌 누이동생을 죽인 것이냐?"

물릿칸이 소리치며 형에게 말했다.

"네가 다른 사람들이 있을 때 말했잖아?"

티나캬프는 더 이상 아무 말도 하지 않았다.

티나캬프는 곧 말했다.

"티나기르닌에게 가자, 그를 죽이자."

형제들은 틸리치키의 티나기르긴을 찾아갔다.

티나캬프는 티나기르닌의 아버지인 노인 파나세빈에게 말했다.

"우리는 당신 아들을 찾아왔습니다. 그를 죽일 겁니다."

그러자 파나세빈이 말했다.

"너희가 나의 며느리를 정리하려고 하지만, 그 일은 너희에게 또 다른 골칫거리인 거지. 너희들은 너희 사촌 형제를 죽인 그 사람들과 정리해야 할 거야."

그때 티나캬프가 말했다.

"사실, 우리는 그들에게 가서 불을 지를 생각이에요. 그러지 않으면 그들을 죽일 방법이 없어요.. 그들은 우리 모두를 죽일 수 있으니까요. 그들이 잠자는 동안 불을 지르는 게 더 나아요."

많은 썰매가 일리르로 떠났다.

그들은 일리르로 왔다. 일리르의 사람들은 즐거워하고 있었다. 사세빈은 동생과 함께 둘이서 점박이 물개를 잡기 위해서 얼음 위로 갔다. 그런 다음 집으로 돌아왔고 그 시간에 이미 비벤의 동료들과 몇몇 틸리치키인들이 많이 와 있었다. 그들은 내내 주연을 벌이고 있었다.

여섯째 날 밤 사세빈의 집에 불을 질렀다. 많은 사람들이 입구를 지켰다. 아카릴린이 말했다.

"너희들이 남자라면 나와."

그때 오른쪽에서 노파 아탈린가프가 튀어나왔고 창에 맞았다. 그런 다음 사세빈이 튀어나왔고 연기 구멍 근처를 지키던 사람들이 도망갔는데 사세빈은 형제에 의해서 창에 찔렸다. 아칸릴린이 그들의 아내들을 죽였고 누이동생들도 죽였으며 아카릴린 자신은 집에 구멍을 팠다.

아카릴린은 빠져나갈 구멍 만드는 일이 끝나자 커다란 청동 솥을 재로 가득 채우고 그 솥을 불 쪽으로 좀 더 가까이 놓은 다음 구멍으로 들어가서 그 구멍을 다른 커다란 솥으로 덮었다. 그는 생각했다.

'재를 채운 이 솥이 불 근처에서 깨어져 집을 날릴 수 있도록 하는 거야.'

불이 이 솥에 닿자 솥은 곧 깨졌다. 그리고 그들은 집을 날렸으며 집의 조각들이 멀리 흩어졌으며 집이 있던 자리에는 아무 흔적도 남지 않았다.

아카릴린은 바로 구멍에서 나와서 강을 따라 위로 갔다. 일리르강 위에 그가 알고 지내는 착한 예벤족 사람이 있었다. 아카릴린은 그곳에 왔고 바로 그때부터 영원히 그 예벤족 사람도 사라졌다. 그 사람의 흔적은 그 어디에도 없었다. 왜냐하면 그는 아카릴린이 퉁구스인들에게로 도망가는 것을 도왔기 때문이다. 이 때문에 그 누구도 아카릴린의 소식을 들을 수 없게 되었다.

해 설

알류토르 설화

알류토르 설화는 많은 부분이 소실되었다. 북아시아 설화 대부분이 그렇지만 오랜 세월 러시아로 흡수되어 고유의 언어도, 설화도 소실되어 가고 있다. 그런 의미에서 여기에 번역된 설화는 인류 문화유산의 보존이라는 차원에서도 의미가 있다. 그뿐만 아니라 알류토르는 코랴크, 이텔멘, 축치족과 같이 고아시아족에 속해 있다. 고아시아족은 캄차카 반도에 거주하는 민족으로 오랜 세월 이곳에 안착해 우리 민족과의 연관성도 거론되었다. 그러나 정확하게 입증된 바는 없지만 울산 반구대에 있는 암각화가 캄차카 반도에도 존재한다는 사실은 한반도에 거주하던 고대인이 캄차카 반도에 거주한 고대인과 연관이 있음을 입증한다. 여기 번역된 이야기들 중에서 <카라긴인의 소탕>부터는 설화가 아니라 고대에 알류토르인과 관계 있던 민족들과 관련된 이야기다. 이 역시 구전되어 오는 이야기이며 주변 민족들 간의 관계를 엿볼 수 있는 이야기들이다.

알류토르 민담은 거의 남아 있지 않다. 쿳킨냐쿠는 코랴크족의 민담에 등장하는 까마귀의 이름과 동일하다. 같은 고아시아족인 이텔멘인은 이 까마귀를 쿠트흐라고 부른다. 이런 사실에서 알 수 있는 점은 이들 민족에게 까마귀가 중요한 존재란 점이다. 민담에 등장하는 까마귀는 교활하거나 머리가 나쁜 존재로 희화되고 있지만 이 민족의 시조신으로서 신화에 등장하는 존재다. 고아시아족 문화에서는 까마귀 숭배가 두드러지는데 까마귀 숭배가 세월이 흐르면서 세속화되고 <교활한 쿳킨냐쿠>와 같은 민담에서 희화되는 존재로 변화되었다는 사실을 알 수 있다. 쿳킨냐쿠의 아내로 등장하는 미티는 코랴크, 축치, 케레크, 이텔멘과 같은 고아시아족 이야기에 까마귀의 아내로 등장한다. 이와 함께 자녀들의 이름은 각 민족마다 같기도 하고 다르기도 하다. 예를 들면 예멤쿠트는 다른 민족들에서도 까마귀의 자녀로 등장한다. 알류토르 민담에 등장하는 시시신은 쿳킨냐쿠의 친척 정도 되는 존재다.

이들 민담에서는 까마귀 이외에 사수산가비트라는 이름의 여우가 등장한다. 사수산가비트는 <쥐, 여우, 마귀할멈>에서는 마귀할멈에게서 쥐들을 구해 주는 착한 역할이지만 <여우와 썩은 생선>, <리티티니안가비트, 쿳킨냐쿠의 딸>에서는 교활하면서도 주인공을 괴롭히는 악한 역할을 한다. 또 다른 동물, 곰은 < 탐욕스러운 곰 > 에서 부정적인 동물로 등장한다. 우리 민족에게 곰은 단군신화를 떠올리게 하는 긍정적인 이미지이지만 이 민족에게서 곰은 부정적인 의미를 나타낸다.

< 쿳킨냐쿠와 시시신 > 에서는 재미있는 사실을 읽을 수 있다. 중국과 일본과 교류를 맺고 있음을 드러내고 있으며 알류토르인에게서 중국과 일본은 긍정적인 이미지가 아니라는 사실이다. 쿳킨냐쿠가 말하는 짐승인 트루페의 고기를 시시신에게서 빼앗기 위해 만든 우상은 일이 끝난 후 "그들이 왔던 대륙"으로 돌아갔다고 되어 있다. "대륙"은 중국을 의미한다는 사실을 알 수 있다. 쿳킨냐쿠는 그들을 돌려보낼 때, "너희는 나빠, 너희는 진짜 인간이 아니고 싸움꾼이야"라고 한다. 반대로 시시신이 쿳킨냐쿠에게 복수하기 위해 만든 우상은 일본인이란 사실이 언급되어 있다. 이 일본인들은 복수가 끝난 후 섬으로 돌아간다. 시시신 역시 이들을 돌려보낼 때 쿳킨냐쿠와 같은 말을 한다.

< 카라긴인의 소탕 > 부터는 알류토르인 주변 민족들과의 투쟁과 협력을 다룬 이야기들이다. 역사적인 사건을 이야기로 풀어 구전하던 이야기들로 과장과 이야기의 개연성이 부족하지만, 주변국과의 관계, 당시의 생활들을 짐작할 수 있는 여러 가지 단서가 제공된다. 카라긴인은 코랴크족

의 일족이며 주변의 알류토르, 비벤, 쿨투신이 먹을 것이 풍부한 카라긴인의 땅을 빼앗기 위해 전쟁을 벌이는 내용이다. <킬리븐가비트와 그녀의 오빠들>에서는 미혼인 여동생이 타민족 남자를 만나 사랑하게 되면서 자신의 부족을 배신하고 구사일생으로 살아남은 큰오빠에게서 복수를 당한다는 내용이다. 족외혼은 족내혼이 힘들어지면서 나타나는 현상이다. 역사적 사실을 통해 알 수 있듯이 고대 민족들은 족외혼을 통해 타민족과 화해와 타협을 이뤄 내고 영역을 확장하며 근친상간을 막는 효과를 얻었다. 그러나 북아시아 설화를 보게 되면 이렇게 타민족 남자와 결혼하는 여자가 자신의 핏줄들을 죽이는 일을 종종 볼 수 있다. 이는 같은 민족 사람들이 자신을 죽일 것을 알고 그 화근을 없애기 위한 것으로 보인다. 그렇다면 아직 족외혼이 허용되지 않고 족내혼을 유지하고 있음을 알 수 있다. 이런 에피소드는 <사촌 형제들>에서도 나타난다. 족내혼보다 족외혼은 좀 더 뒤의 일임을 볼 때 이 이야기는 고대의 관습을 보여 준다.

<임카와 아들 피니난>, <사촌 형제들>과 같은 이야기는 당시 흔하게 일어나는 전쟁들을 다루고 있다. <임카와 아들 피니난>은 알류토르인 장수 임카와 피니난이 적을 맞아 싸우는 영웅 스토리다. <사촌 형제들>에서는 같은

민족끼리의 싸움을 상징한다. 먹을 것을 두고 싸우는 이야기는 고대인의 삶을 보여 준다.

알류토르의 기원와 그들의 삶

알류토르인은 러시아 시베리아 토착 소수민족이면서 고대 민족 그룹에 속한다. 고대 알류토르인은 알류트(Алют)라는 마을 이름에서 유래되었다. 이 마을은 러시아어로 올류토르스코예(Олюторское), 올류토르카(Олюторка)라고 불리기도 했다. 이 마을의 주민들은 알류토르인으로 불렸다.

이들은 캄차카 변강주의 북쪽에 거주하며 언어는 알류토르어를 쓰고 후에 러시아어를 공용어로 사용한다. 알류토르인은 기본적으로 코랴크인의 하위 그룹으로 여겨졌다. 알류토르의 민족 특징은 코랴크와 에스키모의 언어와 문화 영향하에서 형성되었다. 알류토르인은 1697년에 러시아 카자크인의 입을 통해 러시아에 알려졌고 오랜 세월 러시아의 무력 진압에 저항했다. 러시아의 지배를 오랜 기간 받았고 최근에는 개별 민족으로 존재가 불투명해졌다. 러시아의 2002년 인구조사에 따르면 알류토르인은 개별적으로는 분류되지 못하고 코랴크인의 구성원으로 들어갔다. 2010년 전 러시아 인구조사에서 이미 알류토르는 코랴크인의 하부 구성원으로도 언급되지 않았다.

알류토르인의 전통적 경제는 어업과 순록 목축업과 원양어업이다. 어업은 여름에 했으며 어획의 대부분은 말려서 보관했는데 이는 알류토르인의 기본 식량이다. 말린 생선을 즐겨 먹었다는 것은 민담에서도 드러난다. <탐욕스러운 곰>에서 곰이 알류토르인이 말린 생선을 먹으러 오는 이야기에서도 드러난다. 알류토르인의 주요 운송 수단은 개인데 말린 생선은 개의 먹이로도 사용된다. 원양어업은 봄과 가을에 한다. 바다 동물의 고기와 기름은 저장하기도 하며 기름은 집의 조명을 밝히는 데 사용된다. 바다 사냥의 포획물은 순록의 가죽과 고기와 교환되었다. 12월부터 2월까지 털가죽을 얻을 수 있는 짐승을 사냥해서 겨울을 나는 의복을 만드는 데 사용되었다. 순록 목축업 역시 알류토르인의 전통 업종이었다.

종교는 이 지역의 모든 민족이 그렇듯 샤머니즘이며 18세기 중반부터 러시아인의 유입으로 인해 그리스정교가 전파된다. 러시아의 문화가 이 지역에 들어오면서 알류토르인의 전통과 문화는 소멸의 길을 가게 된다.

옮 긴 이 에 대 해

박미령은 현재 한국외국어대학교에서 '그림책' 관련 프로젝트를 수행하고 있으며 역서로는 공동으로 번역 · 출간한 ≪러시아 여성의 눈≫, ≪러시아 추리 작가 10인 단편선≫이 있다. 논문으로는 < 지배 이데올로기와 영웅서사시 브일리나 >, < Comparative Analysis of Korean Folktale *The wonderful Serpent Bridegroom* and Russian *The Feather of Finist the Falcon of the Type Cupid and Psyche* >, < 소비에트 제국 이데올로기의 토착화를 위한 아동문학의 역할: 20~30년대 그림책과 포토몽타주를 중심으로 > 등이 있다.

알류토르인 이야기

작자 미상
옮긴이 박미령
펴낸이 박영률

초판 1쇄 펴낸날 2018년 11월 13일

지식을만드는지식
02880 서울시 성북구 성북로 5-11 (성북동1가 35-38)
전화 (02) 7474 001, 팩스 (02) 736 5047
출판등록 2007년 8월 17일 제313-2007-000166호
전자우편 zmanz@commbooks.com
홈페이지 www.commbooks.com

ZMANZ
5-11, Seongbuk-ro, Seongbuk-gu, Seoul, 02880, KOREA
phone 82 2 7474 001, fax 82 2 736 5047
e-mail zmanz@commbooks.com
homepage www.commbooks.com

ISBN 979-11-288-3106-5
979-11-288-3107-2(큰글씨책)
979-11-288-3108-9(PDF 전자책)

책값은 뒤표지에 있습니다.

문학

한국 ≪포의교집≫ 외
중국 ≪서상기≫ 외
일본 ≪바다에서 사는 사람들≫ 외
아시아 ≪물고기 뼈≫ 외
고대 그리스 ≪히폴리투스≫ 외
영국/미국 ≪빨래≫ 외
독일 ≪길쌈쟁이들≫ 외
프랑스 ≪홍당무≫ 외
스페인 ≪위대한 술탄 왕비≫ 외
러시아 ≪유리 나기빈 단편집≫ 외
유럽 ≪로칸디에라≫ 외
아프리카 ≪아딜리와 형들≫ 외
중남미 ≪네루다 시선≫ 외
퀘벡 ≪매달린 집≫ 외

예술

미술 ≪예술에 관한 판타지≫ 외
연극 ≪풍자화전≫ 외

한국문학선집

한국문학의 어제와 오늘을 총정리하는 사상 초유의 기획

초판본 한국소설문학선집
한국 근현대문학 120년, 대표 작가 120명의 작품집 101권

초판본 한국시문학선집
한국 근현대문학 120년, 작고 시인 101명의 작품집 99권

한국문학평론선집
한국 대표 문학평론가 50인의 평론집 50권

한국수필문학선집
한국 대표 수필가 50인의 수필집 50권

한국희곡선집
문학성과 공연성이 입증된 한국 대표 희곡 100권

한국 대표 시인의 육필시집
한국 시단을 주도하는 시인들이 직접 쓴 시집 80권

한국동화문학선집
한국 아동문학사에 기록될 동화작가 120명의 작품집 100권

한국동시문학선집
한국 동시의 역사이자 좌표, 동시작가 111명의 작품집 100권

단행본

≪고려 후기 한문학과 지식인≫ 외